El CICLO de la ROCA

Wendy Conklin

Asesora

Jill Tobin
Semifinalista
Maestro del año de California
Burbank Unified School District

Créditos de publicación

Rachelle Cracchiolo, M.S.Ed., *Editora comercial*
Conni Medina, M.A.Ed., *Gerente editorial*
Diana Kenney, M.A.Ed., NBCT, *Editora principal*
Dona Herweck Rice, *Realizadora de la serie*
Robin Erickson, *Diseñadora de multimedia*
Timothy Bradley, *Ilustrador*

Créditos de las imágenes: Portada, pág.1 4FR/
iStock; pág.19 Dirk Wiersma / Science Source; pág.10
Francois Gohier / Science Source; págs.2, 4, 6, 7, 9, 11, 12,
13, 14, 17, 18, 19, 20, 21, 25, 26, 30, 31, 32 iStock; págs.28,
29 Janelle Bell-Martin; pág.17 John Valley, University
of Wisconsin- Madison; pág.13 Joyce Photographics /
Science Source; pág.23 Martin Shields / Science Source;
pág.11 NOAA Ocean Explorer, USGS; pág.17 Spencer
Sutton / Science Source; las demás imágenes cortesía de
Shutterstock.

Teacher Created Materials

5301 Oceanus Drive
Huntington Beach, CA 92649-1030
http://www.tcmpub.com

ISBN 978-1-4258-4703-6

Contenido

Un largo viaje

   ¿Alguna vez has tenido el deseo de convertirte en alguien diferente? Puede ser difícil para los seres humanos, pero las rocas cambian todo el tiempo. ¿Las rocas? ¿Las mismas rocas que pareciera que están allí sin hacer nada? Así es. Las rocas están en constante movimiento, pero el movimiento es tan lento que nos es difícil verlo. Pero si pudieras mantener los ojos abiertos durante un par de millones de años, ¡podrías observar cómo una montaña se convierte en arena!

Estos cambios drásticos en las rocas son parte del ciclo de la roca. Un ciclo es un conjunto de patrones que se repiten. En el ciclo de la roca, las rocas constantemente se forman, se destruyen y se reciclan.

Existen tres tipos de rocas: ígneas, metamórficas y sedimentarias. Con el tiempo, un tipo de roca puede convertirse en otro. Las rocas cambian por el **desgaste**, el calor, la presión y la **erosión**. ¡Estelar!

¡Presentando a la roca ígnea!

¡Qué emocionante sería ver que explote lava caliente del centro de un volcán! ¿Pero alguna vez te has preguntado de dónde proviene esta lava caliente y qué hace que suba a la superficie? ¿Y qué tiene esto que ver con el ciclo de la roca?

Es asombroso pensar en la Tierra como en una roca gigante. La capa exterior de la Tierra se conoce como la *corteza*. Debajo de la corteza de la Tierra, se encuentra el manto. Es una capa de roca extremadamente caliente. Las rocas que surgen del manto se funden a causa del intenso calor que allí hace. Esta roca fundida forma el **magma**. Parte del magma permanece subterráneo. Pero cuando el magma ejerce presión hacia la superficie de la Tierra, un volcán entra en erupción.

El magma que llega a la superficie de la Tierra se llama *lava*. El aire hace que la lava se enfríe y se endurezca. Finalmente, se forma la roca ígnea. Aunque la formación de otros tipos de roca puede tomar millones de años, algunas rocas ígneas pueden formarse en tan solo unas horas. ¿Pero por qué el magma sube a la superficie?

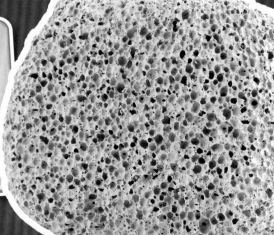

Roca volcánica

La roca menos **densa** en la Tierra se llama *piedra pómez*. Se forma cuando la lava se enfría rápidamente y se forman burbujas de aire. Con tanto aire, la roca es menos densa que el agua y puede flotar.

Extrusiva o intrusiva

Existen dos tipos de rocas ígneas: extrusivas e intrusivas. Las rocas ígneas extrusivas se producen sobre la tierra cuando la lava se endurece después de una erupción volcánica. Las rocas ígneas intrusivas se producen cuando el magma se enfría lentamente debajo de la tierra.

La piedra pómez se usa en productos que las personas utilizan todos los días tales como los maquillajes y la pasta dental.

Difícil separación

La corteza de la Tierra puede separarse en muchas partes grandes llamadas **placas tectónicas**. Los límites de las placas son los lugares en los que las placas se juntan. Es en estos límites donde se forman muchas rocas ígneas. Algunas placas se separan, mientras que otras placas se acercan. Este movimiento no se produce de la noche a la mañana. Más bien, toma muchos años observar este movimiento.

Cuando las placas se separan, algo tiene que llenar los vacíos. Aquí es cuando el magma del manto sube y se funde. El magma forma nueva corteza en estas brechas. Se enfría y produce roca ígnea.

Cuando las placas se mueven y se acercan, algunas veces una placa se hunde en el manto y permite que otra placa suba. La placa que se hunde se funde a causa del calor y forma nuevo magma.

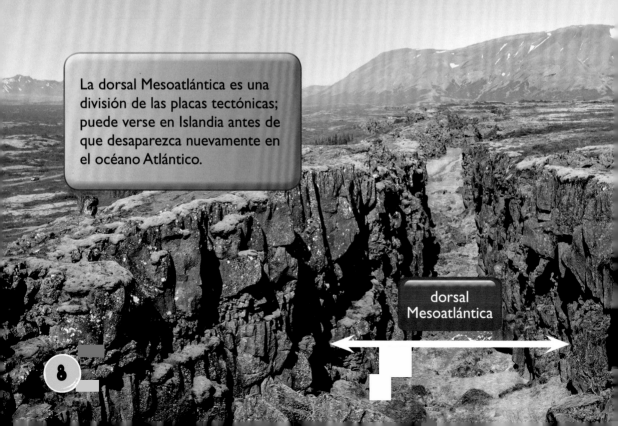

La dorsal Mesoatlántica es una división de las placas tectónicas; puede verse en Islandia antes de que desaparezca nuevamente en el océano Atlántico.

dorsal
Mesoatlántica

> Cuando las placas tectónicas se deslizan una sobre la otra, la tierra tiembla.

Pangea

Hace cientos de miles de años, todos los continentes estaban conectados. Formaban un supercontinente gigante llamado *Pangea*. Las placas tectónicas se movieron lentamente y se separaron. Un cuerpo de agua llamado el *mar de Tetis* ayudó a dividir Pangea en dos.

Puntos calientes

A veces, el magma puede salir de la corteza de la Tierra a través de puntos calientes. Los puntos calientes son exactamente como suenan: áreas donde la temperatura es extremadamente alta bajo las placas tectónicas de la Tierra.

Rocas ígneas sensacionales

Si estuvieras buscando rocas ígneas, ¿dónde lo harías? Cerca de un volcán sería una buena opción. Aquí, las placas tectónicas se acercan. Los volcanes se forman en estos lugares. Cuando la lava fluye, se enfría y se endurece para formar roca ígnea. Si la lava sale expulsada hacia el cielo, puede enfriarse y endurecerse cuando todavía está en el aire. Cuando esto sucede, se llama una **bomba volcánica**. Piensa en una botella de gaseosa. Si agitas una botella de gaseosa, los gases de separan del líquido y se forman burbujas. Cuando quitas la tapa, ¡explota! De manera similar, los gases del magma se separan cuando este entra en erupción. La roca volcánica y la ceniza salen volando por el aire. Con el tiempo, las rocas ígneas también se formarán de las capas de las cenizas.

¡Las rocas ígneas componen hasta el 95 por ciento de la corteza de la Tierra, las montañas e incluso la Luna!

bomba volcánica

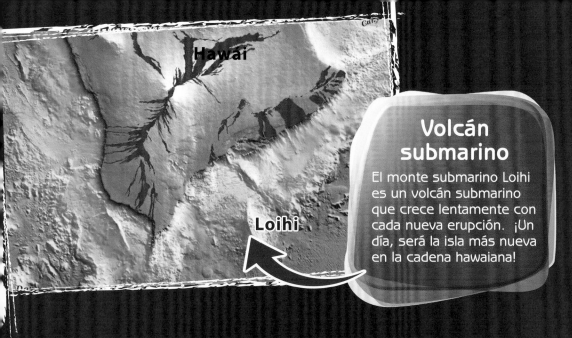

Hawái

Loihi

Volcán submarino

El monte submarino Loihi es un volcán submarino que crece lentamente con cada nueva erupción. ¡Un día, será la isla más nueva en la cadena hawaiana!

Otro buen lugar para buscar rocas ígneas es debajo de la tierra. Parte del magma no llega hasta la corteza. En cambio, se enfría cerca de la corteza y forma rocas debajo de la superficie.

Debajo del océano es donde encontrarás la mayor cantidad de roca ígnea. Las rocas ígneas pueden formarse cuando las placas se separan. Este movimiento de las placas generalmente se produce en el suelo oceánico. La lava llega al agua y se enfría, lo que genera rocas ígneas.

Las rocas ígneas pueden cambiar con el tiempo. El viento, la lluvia, la nieve y el hielo erosionan las rocas y estas se dividen en piezas diminutas. Las rocas sedimentarias se forman a partir de este desgaste. Y si las rocas ígneas se calientan y están bajo suficiente presión, se convierten en rocas metamórficas.

El granito es un ejemplo de roca ígnea. El granito frecuentemente se usa para hacer encimeras de cocina.

¡Conoce la roca metamórfica!

Analiza más de cerca la palabra *metamórfica*. Notarás que se parece mucho a la palabra *metamorfosis*. Ambas palabras tienen que ver con el cambio. Cuando una mariposa experimenta la metamorfosis, cambia de oruga a mariposa. Cuando las rocas experimentan el **metamorfismo**, cambian a nuevos tipos de roca. Para que esto ocurra, las rocas deben estar expuestas al calor, a la presión o a ambos.

Las rocas metamórficas son parte del ciclo de la roca. Si buscas rocas metamórficas, necesitarás excavar un poco. Más probablemente encontrarás rocas metamórficas debajo de la superficie de la Tierra. Estos cambios pueden tardar millones de años. ¿Pero cómo funciona el proceso?

Casi todas las rocas están hechas de **minerales**. Algunas rocas tienen una mezcla de minerales. Otras pueden tener solo un mineral. El calor y la presión separan los minerales de la roca. Entonces, se forman nuevos minerales. Estos minerales frecuentemente pueden verse en las rocas metamórficas como **cristales**. Cuando una roca cambia para convertirse en un nuevo tipo de roca, no se agregan materiales nuevos ni se quitan materiales. Los átomos que componen los minerales simplemente se reorganizan dentro de la roca.

cristales de amatista

Destello y brillo

La pizarra es un tipo de roca metamórfica. Cuando se forma pizarra, un mineral llamado *mica* algunas veces reemplaza a una parte de la arcilla que estaba en la roca original. La mica es el mineral que hace brillar a la pizarra y destellar al granito.

¡El calor está aquí!

Las rocas metamórficas se forman de dos maneras. La primera es por calor. De hecho, las rocas son duras, pero no son indestructibles. A medida que el magma sube a la superficie, fluye más allá de las rocas en su trayectoria a través de la corteza de la Tierra. El magma puede estar más caliente que 1,000 °C (1,832 °F). ¡Piensa en qué podría hacerle este calor a una roca!

Algunas veces, el magma empuja hacia arriba a través de las capas de la roca. El calor del magma destruye los minerales en las rocas. Luego, se forman cristales de nuevos minerales. Nacen nuevas rocas metamórficas. Los científicos llaman a esto *metamorfismo de contacto*. Se llama así porque el magma cambia las rocas a medida que entran en contacto unas con otras. Este tipo de metamorfismo es causado principalmente por el calor. Pero las rocas metamórficas también pueden formarse al agregar presión.

Los cristales de olivino se generan a través de metamorfismo de contacto.

Foliada o no foliada

Cada tipo de roca metamórfica puede clasificarse como *foliada* o *no foliada*. La foliación es la formación en láminas de cristales y minerales en la roca. Ocurre cuando la roca está bajo presión.

Roca madre

La roca original que cambia para formar una roca metamórfica es la roca madre. Los científicos han llamado esta roca madre protolito.

Una de las rocas metamórficas más famosas es el diamante.

Bajo presión

Las rocas metamórficas también se forman a causa de la presión de las placas tectónicas. Piensa en dos placas que se mueven una hacia la otra. Una placa debe ceder y hundirse por debajo de la otra placa. La otra placa sube. Durante este proceso, las rocas subterráneas se pulverizan. Esto crea una cantidad asombrosa de presión. La presión intensa crea calor. A veces, el calor es tan intenso que funde las rocas (y forma las rocas ígneas). Pero otras veces, el calor cuece las rocas, cambia su estructura mineral y forma rocas metamórficas.

Las placas de la Tierra son muy grandes. Por ende, cuando las rocas se forman a partir del movimiento de las placas, esto ocurre a lo largo de cientos o miles de millas. Cuando el proceso ocurre en esta gran área o región, los científicos lo llaman **metamorfismo regional**.

El movimiento de la placa es el motivo por el que es probable que encuentres rocas metamórficas en las bases de las cadenas montañosas. Estas son las rocas más antiguas de la Tierra. De hecho, ¡algunas tienen miles de millones de años!

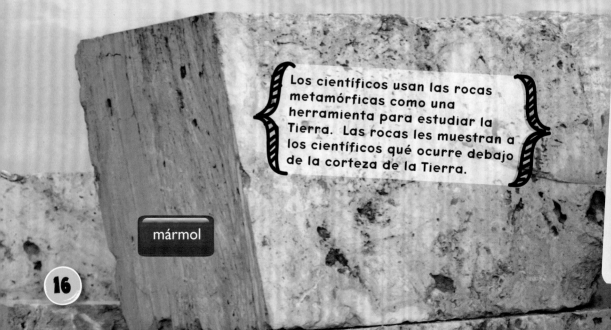

Los científicos usan las rocas metamórficas como una herramienta para estudiar la Tierra. Las rocas les muestran a los científicos qué ocurre debajo de la corteza de la Tierra.

mármol

Piedra antigua

La roca más antigua en la Tierra es un cristal que era parte de una roca metamórfica. Se encontró en Australia y tiene 4,400 millones de años.

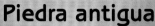

¡Enterrado vivo!

Una forma de metamorfismo se denomina *metamorfismo de enterramiento*. El metamorfismo de enterramiento generalmente se produce cuando las rocas sedimentarias están profundamente enterradas. Estas rocas generalmente no están foliadas o están muy poco foliadas.

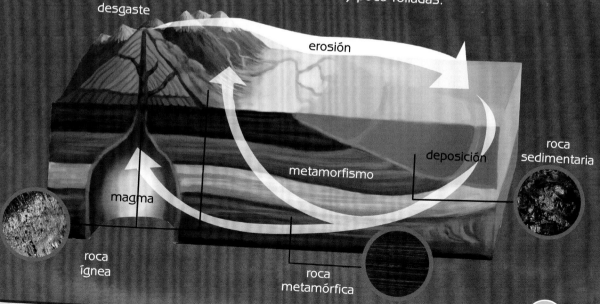

desgaste

erosión

magma

metamorfismo

deposición

roca sedimentaria

roca ígnea

roca metamórfica

¡Saluda a la roca sedimentaria!

Imagina una montaña grande cubierta de hielo derretido. A medida que el hielo se derrite, pequeños pedazos de montaña se rompen. Estos pedazos caen hacia abajo por la montaña y en un río. Estos pequeños pedazos de montaña son **sedimentos**. El río transporta estos sedimentos lodosos al fondo del océano, donde se asientan en el suelo oceánico. Otros sedimentos se apilan en la parte superior de la misma manera. Esto crea una presión intensa. Y sucede durante años y años. Los sedimentos siguen apilándose unos encima de otros y crean capas llamadas **estratos**. Durante un período prolongado, este proceso se repite y se crean nuevas rocas: las rocas sedimentarias.

Formación de carbón

Cuando las plantas mueren en áreas húmedas, se convierten en un material llamado **turba**, en lugar de descomponerse por completo con el tiempo. La turba se entierra y se comprime. Después de millones de años, se convierte en carbón.

Dentro de las rocas sedimentarias, encontrarás sedimentos. De hecho, es posible que haya millones de fragmentos de sedimento en una roca. Pero también puedes ver diminutos fósiles y caparazones o caracolas. Estos fósiles y caparazones vienen de criaturas marinas. Algunas de estas criaturas pueden haber vivido hace mucho tiempo, y los esqueletos formaron los fósiles que vemos en la actualidad. Esos fósiles se asientan en el suelo oceánico. A lo largo de los años, los sedimentos y fósiles forman capas unas encima de otras. Toma mucho tiempo, pero finalmente, se forman las rocas sedimentarias.

lutita con animales acuáticos fosilizados

En busca de fósiles

A causa de la forma en la que se crean las rocas sedimentarias, es muy probable que tengan fósiles en ellas. Algunos acantilados de lutita en Inglaterra tienen fósiles de aproximadamente 140 millones de años de antigüedad.

Desgaste y erosión

Las rocas sedimentarias comienzan con sedimentos. Y los sedimentos se crean mediante el desgaste y la erosión. El desgaste es la ruptura lenta de las rocas. Ocurre cuando la lluvia, el viento o el hielo rompen la roca. El viento puede soplar contra las rocas y romperlas. La lluvia puede desgastar una roca. También puede meterse en las grietas de la roca. Cuando el agua se congela, la grieta se ensancha. Con el tiempo, esto divide la roca en pedazos más pequeños. Grandes cambios de temperatura hacen que las rocas se contraigan y se expandan. Esto debilita las rocas. Con el tiempo, las rocas se dividen en pedazos más pequeños.

Deslizamiento cuesta abajo

Los tres tipos más comunes de erosión son erosión por agua, viento y gravedad. El movimiento del agua y del viento contra las rocas causa erosión por agua y viento. La erosión por gravedad es un poco diferente ya que es causada por el movimiento cuesta abajo. Los casos más conocidos de erosión por gravedad son los derrumbes.

La erosión es el movimiento de rocas desgastadas y sedimento. Puede ocurrir de varias formas. Los glaciares pueden romper las rocas. Luego, el agua transporta el sedimento a otras áreas. El viento y la lluvia también transportan sedimentos a nuevos lugares. Cuando los sedimentos alcanzan su destino, se depositan. La palabra *deposición* proviene de *depósito*. Los científicos denominan a este proceso *erosión y deposición*.

El desgaste y la erosión trabajan juntos para convertir las rocas en sedimentos. El viento puede soplar arena contra una roca, causando que se desgaste. Luego, el viento puede erosionar la roca al soplar los sedimentos a otro lugar.

Esta roca tiene un parecido asombroso a la cabeza de un perro. Fue causada por el desgaste y la erosión.

Formación de la roca sedimentaria

El viento, el agua y el hielo alejan los sedimentos de las rocas. En algún momento, el agua y el viento disminuyen. Entonces, este sedimento encuentra un lugar para asentarse y se forman capas. Puedes encontrar estas capas en el fondo de los ríos. Las playas y los bancos de arena también son lugares ideales para que se formen capas. En el desierto, el viento sopla los sedimentos hasta crear dunas de arena.

El viento o el agua pueden alejar nuevamente este sedimento. O se pueden formar otras capas encima de esta. Las nuevas capas entierran el sedimento viejo. La presión saca el agua. El agua rica en minerales se evapora y se forman cristales dentro de los sedimentos. Los cristales funcionan como cemento. Con el tiempo, se forma la roca sedimentaria. Los científicos denominan a este proceso de formación de roca **litificación**.

¡Cam-Cam-Cam-Cambios!

Una vez que los sedimentos se han depositado, las rocas sedimentarias atraviesan otros cambios. Estos cambios se denominan *diagénesis*. La diagénesis incluye los cambios físicos y químicos que convierten los sedimentos en roca sedimentaria.

Puedes ver capas en estos tipos de rocas. Si las miras de cerca, verás que algunas capas tienen sedimentos grandes. Otras capas tienen sedimentos pequeños.

Los esqueletos, los caparazones y las plantas se acumulan en el suelo oceánico. Los sedimentos se acumulan alrededor de estos y se forman rocas. ¡Las rocas tardan millones de años en formarse de esta manera!

Si los científicos encuentran una capa de esqueletos de aves en la roca sedimentaria, saben qué aves vivían en esa área.

roca conglomerada

¿Conglomerado o brecha?

Cuando ves una roca grande que parece que estuviera formada por rocas más pequeñas, se denomina un conglomerado o una brecha. Un conglomerado está compuesto por rocas redondas, y una brecha está compuesta por rocas afiladas y puntiagudas.

Roca reciclada

El ciclo de la roca muestra cómo se reciclan las rocas. Pero eso no significa que podamos rastrear una roca específica y ver cómo cambia para convertirse en tres pequeñas rocas y volver a transformarse. Sin embargo, podemos ver cómo estas rocas se separan y forman otros tipos de rocas. Este reciclaje de las rocas toma millones de años.

Podemos empezar en cualquier lugar del ciclo de la roca para ver cómo cambian las rocas. El magma ejerce presión en la corteza y hace erupción en un volcán. Las rocas ígneas se forman en las montañas cuando la lava se enfría. Con el tiempo, el viento y la lluvia erosionan las rocas. Estos pequeños sedimentos caen cuesta abajo y se depositan en los lechos de los ríos. Capas y capas se depositan encima. Con la presión suficiente, se forman rocas sedimentarias. Las placas de la Tierra se mueven y hacen que las rocas queden enterradas bajo la tierra. La presión calienta y cuece las rocas. Como resultado, las rocas metamórficas se forman debajo de la corteza de la Tierra. Si el magma alcanza estas rocas, puede fundirlas, lo que después puede formar rocas ígneas. El ciclo continúa una y otra vez.

meteorito de hierro

Rocas espaciales

¿Sabías que, como las rocas continúan reciclándose, las rocas más antiguas en realidad no son de la Tierra? ¡Más bien, son meteoritos del espacio! Los meteoritos son rocas del espacio exterior que caen en la superficie de la Tierra.

Entrelazado

El ciclo de la roca no forma un círculo sencillo. Las rocas pueden cambiar a cualquier tipo de roca en cualquier momento. Las rocas metamórficas incluso pueden cambiar y convertirse en un tipo diferente de roca metamórfica.

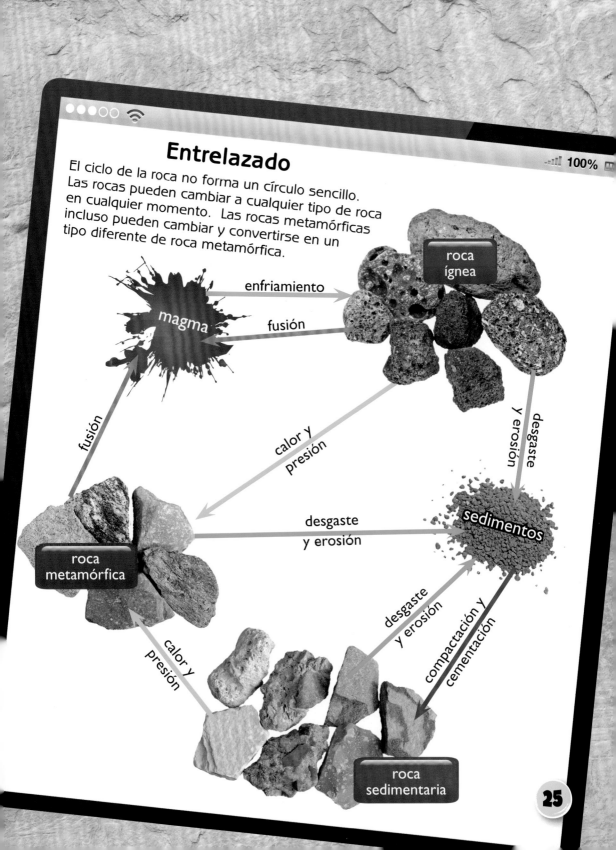

magma

enfriamiento

fusión

roca ígnea

fusión

calor y presión

desgaste y erosión

desgaste y erosión

sedimentos

roca metamórfica

calor y presión

desgaste y erosión

compactación y cementación

roca sedimentaria

Las rocas están en continuo movimiento ya que constantemente se forman, se rompen y se reciclan. Para que estos cambios ocurran, se necesita calor, presión y erosión. Y, la mayoría de esos cambios ocurren durante millones de años.

Las rocas pueden formarse en cualquier punto del ciclo de la roca. Quizás sea más preciso analizar esos cambios en las rocas como una cadena de eventos. Con suficiente calor y presión, la roca ígnea puede convertirse en roca metamórfica. Si las rocas sedimentarias se entierran a suficiente profundidad, pueden cambiar y convertirse en roca metamórfica con un poco de calor. Y si se funde, la roca sedimentaria puede cambiar a roca ígnea. Las condiciones tienen que ser las adecuadas para iniciar estos cambios.

roca sedimentaria

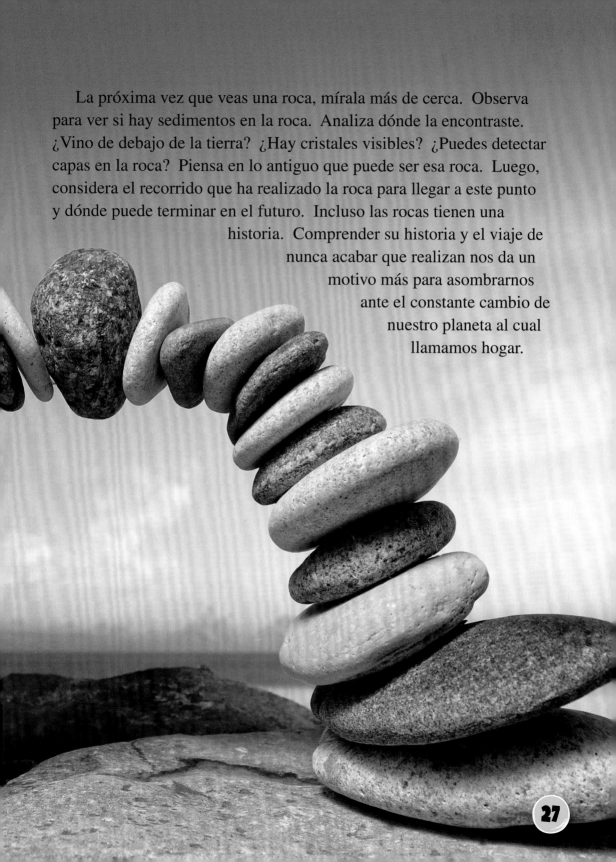

La próxima vez que veas una roca, mírala más de cerca. Observa para ver si hay sedimentos en la roca. Analiza dónde la encontraste. ¿Vino de debajo de la tierra? ¿Hay cristales visibles? ¿Puedes detectar capas en la roca? Piensa en lo antiguo que puede ser esa roca. Luego, considera el recorrido que ha realizado la roca para llegar a este punto y dónde puede terminar en el futuro. Incluso las rocas tienen una historia. Comprender su historia y el viaje de nunca acabar que realizan nos da un motivo más para asombrarnos ante el constante cambio de nuestro planeta al cual llamamos hogar.

Piensa como un científico

¿Cómo cambia una roca a lo largo del ciclo de la roca? ¡Experimenta y averígualo!

Qué conseguir

- cacerola pequeña
- crayones
- cubetas para hielo
- hornillo
- papel y lápiz
- rallador de queso

Qué hacer

1. Crea un cuadro similar a este. Luego, desenvuelve cada crayón. Observa estas "rocas ígneas" y registra tus observaciones.

Roca ígnea	Sedimento	Roca sedimentaria

2. Pídele a un adulto que ralle cuidadosamente los crayones en pequeñas virutas. Observa estos "sedimentos" y registra tus observaciones.

3. Forma una pila de virutas de crayones. Ejerce presión sobre ella durante 60 segundos. Observa estas "rocas sedimentarias" y registra tus observaciones.

4. Haz que un adulto vierta la pila de crayones en una cacerola y la coloque sobre un hornillo. Revuelve hasta que estén completamente derretidos.

5. Vierte los crayones fundidos en las cubetas para hielo. Déjalos enfriar.

6. Observa los crayones nuevamente. ¿Qué tipo de roca representan los crayones ahora? ¿Qué tipo de roca no está representada? ¿Cómo deberían cambiar los crayones para representar esa roca?

Glosario

bomba volcánica: un pedazo de roca ígnea formada en el aire a partir de lava endurecida

cristales: pequeños trozos de una sustancia que tiene muchos lados y que se forman cuando la sustancia se convierte en sólido

densa: muy compacta

desgaste: la división lenta de las rocas y los sedimentos

erosión: el movimiento de rocas desgastadas y sedimento

estratos: masas similares a láminas de roca sedimentaria o tierra de un tipo que yace entre lechos de otros tipos

litificación: el proceso de compactación y cementación de los sedimentos para formar roca sólida

magma: roca líquida caliente debajo de la superficie de la Tierra

metamorfismo: un cambio en la composición de una roca causado por la presión y el calor

metamorfismo regional: rocas metamórficas que se generan dentro de un área grande a través del movimiento de las placas

minerales: sustancias como cuarzo y sal, que se forman naturalmente debajo de la tierra

placas tectónicas: piezas gigantes de corteza terrestre que se mueven

sedimentos: pedazos muy pequeños de roca, como arena, grava y polvo

turba: material oscuro hecho de plantas en descomposición, que se quema para lograr calor o se agrega al suelo del jardín

Índice

¡Tu turno!

Colección de rocas

Comienza tu colección de rocas buscando primero rocas alrededor de tu hogar. Observa minuciosamente las rocas. Elige rocas que creas que son interesantes o únicas. Investiga para determinar el tipo de rocas que encontraste. ¡Etiqueta las rocas y exhíbelas para que todos las disfruten!